حَياتُنا الجَديدَةُ في أبو ظَبي

بقلم: محمود جعفر وسحر حسن العيوطي

بريشة: بجونيا فرنانديز كوربولان

Collins

أهلًا. أنا مُحَمَّد. عُمري عَشْرُ سَنَواتٍ، ولكنَّني سَأُتِمُّ
سَنَتي الحاديَةَ عَشْرَةَ بعدَ فَتْرَةٍ قَصيرة. أنا مَغْرِبِيٌّ، وأَعيشُ في أبو ظَبي.
أنا أحْتَفِلُ اليومَ بِمُناسَبةٍ رائِعة. أَتْمَمْتُ عامًا على وُجودي في أبو ظَبي!
سَأَحْتَفِلُ بِأن أَروِيَ لَكُمْ قِصّةَ انتِقالي منَ المَغْرِبِ
إلى الإمارات. تَعالَوا لِنَبْدَأَ منَ البِداية ...

ساعاتي الأُولى

بَكَيْتُ في الطَّريقِ إلى المَطار. لَمْ أَكُنْ أُريدُ أن أَتْرُكَ قَرْيَتَنا وبَيتَنا. لَمْ أَكُنْ أُريدُ أن أَتْرُكَ مَدرَسَتي وأصدِقائي، وفَريقَ كُرَةِ السَّلّة. أنا لاعبٌ ماهِرٌ، ورُبَّما كُنْتُ الأكثَرَ مَهارة. فَريقي سَيَفتَقِدُني.

أبي قالَ إنَّني سأَسْتَمْتِعُ بِحَياتي الجَديدةِ مَعَهُ في أبو ظَبي. ولكن، كيفَ يَعرِفُ هو ذلك؟ لَيْسَ هناك مَنْ يَستَطيعُ أن يَعرِفَ ما سَيَحدُثُ في المُسْتَقْبَل. أبي قالَ هذا لأنَّهُ سَمِعَني أُقاوِمُ الدُّموع.

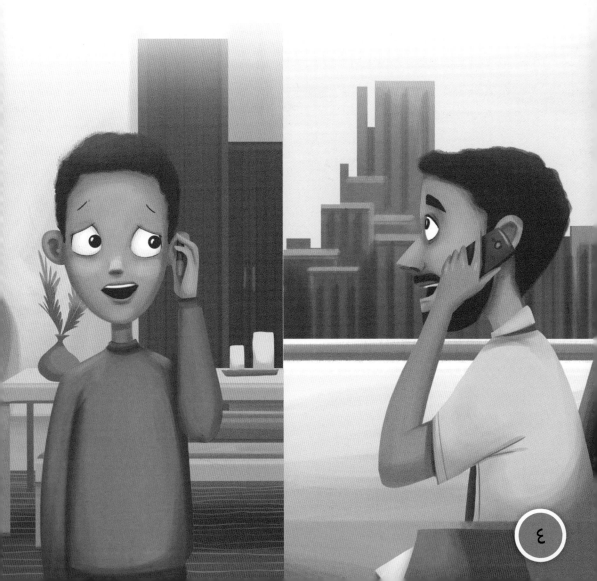

شَعَرْتُ بالرَّهْبةِ في الطّائرة. تَحَوَّلَتْ هذه الرَّهْبةُ إلى خَوْفٍ حَقيقِيٍّ في الإقلاعِ، وأيضًا في الهُبوط. ولكنَّني نَجَحْتُ في إخفاءِ كلِّ هذا. أمّي لَمْ تُلاحِظْ شيئًا، إلى أن وَصَلْنا.

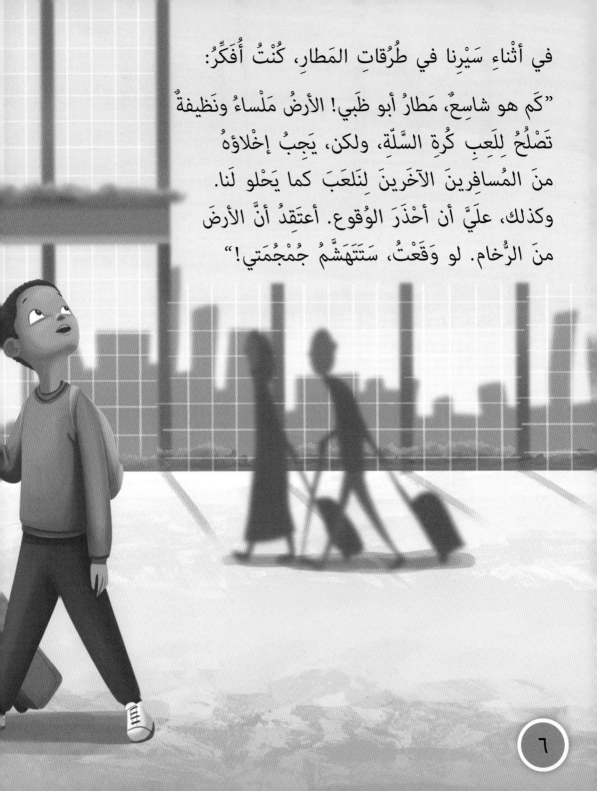

في أثْناءِ سَيْرِنا في طرُقاتِ المَطارِ، كُنْتُ أُفَكِّرُ:

”كَم هو شاسِعٌ، مَطارُ أبو ظَبي! الأرضُ مَلْساءُ ونَظيفةٌ
تَصْلُحُ لِلَعِبِ كُرَةِ السَّلّةِ، ولكن، يَجِبُ إخْلاؤهُ
منَ المُسافِرينَ الآخَرينَ لِنَلعَبَ كما يَحْلو لَنا.
وكذلك، علَيَّ أن أحْذَرَ الوُقوع. أعتَقِدُ أنَّ الأرضَ
منَ الرُّخام. لو وَقَعْتُ، سَتَتَهَشَّمُ جُمْجُمَتي!“

”هناك زُجاجٌ كثيرٌ في كلِّ
مَكان، وأشياءُ تَبدو غالِية.
لَعِبُ كُرَةِ السَّلّةِ، هنا، فِكْرَةٌ
سَيِّئة. أكيد، سَنَكسِرُ شيئًا!“

أخيرًا، عَثَرْنا على أبي في مِنْطَقَةِ الوُصولِ والاسْتِقْبالِ، وكانَ مَعَهُ صَديقُهُ الإماراتيُّ، السَّيِّدُ «أبو حَمَد».

سَمِعْنا كثيرًا عنِ السَّيِّدِ «أبو حَمَد» من أبي. إنَّهما يَعمَلانِ معًا.

رَكِبْنا سَيّارَةَ السَّيِّدِ «أبو حَمَد»، وَانْطَلَقْنا نَحوَ بَيْتِنا الجَديد.

جَلَسْتُ على المَقْعَدِ الخَلفِيِّ بِجوارِ النّافِذة.
وفي أَثْناءِ سَيْرِنا، لاحَظْتُ أَنَّ الشَّوارِعَ جَميلةٌ، وناعِمةٌ، وواسِعةٌ،
وتُزَيِّنُها الزُّهورُ وأشجارُ النَّخيلِ منَ الجانِبَيْنِ.

إلّا أنَّ أَكْثَرَ ما بَهَرَني هو الأَبراجُ العالِيَة. كُنْتُ أُحاوِلُ أن أراها كلَّها منَ النّافِذة. أُحاوِلُ أن أرى الأَسْطُحَ، وأعلى الشَّبابيكِ العالِيَة. سَأَلْتُ أبي: "كيفَ يَبنونَ هذه البُيوت؟" فقالَ لي إنَّ هذا عَمَلُ المُهَندِسينَ المَهَرَة. تَساءَلْتُ إن كانَ مُمكِنًا أن أُصبِحَ أنا أيضًا مُهَندِسًا ماهِرًا في يَومٍ ما.

يَومي الأوَّل

عاوَدَني الشُّعورُ بِالرَّهْبةِ ونحنُ في طَريقِنا إلى مَدرَسَتي الجَديدة.
أنا، تَقريبًا، أعرِفُ كلَّ تِلميذٍ وتِلميذةٍ في مَدرَسةِ قَرْيَتِنا.
أعرِفُ مَنْ أخو مَنْ، ومَنْ بِنتُ مَنْ. أعرِفُ أينَ يَسكُنونَ.
كلُّنا نَتَكَلَّمُ اللَّهْجَةَ نَفْسَها. لا أَجانِبَ في قَرْيَتِنا.
أمّا هنا، فلا أعرِفُ أحدًا على الإطلاق!

رَبَّتَ أبي على كَتِفي، ثمّ تَرَكَني مع الأُستاذِ «مَسعود»،
وذَهَبَ إلى عَمَلِه. شَعَرْتُ وكأنَّني أغْرَق.

"أهلًا بِكَ يا مُحَمَّد. هل نَذهَبُ إلى صَفِّكَ الجَديد؟"

كانَ رَدّي هو نِصفَ ابْتِسامةٍ، معَ نِصفِ كَلِمةٍ خافِتةٍ، غَيرِ مَفهومةٍ، وغَيرِ مُحَدَّدة.

بَدا لي أنَّ الأُستاذَ «مَسعود» شَخصٌ مُهِمٌّ في المَدرَسة. فمَشَيْتُ خَلفَهُ بِأَدَب. نَظَرْتُ إلَيْهِ، وهو يَسيرُ أمامي، ولاحَظْتُ أنَّهُ يَصلَحُ لأنْ يَكونَ لاعبَ كُرةِ سَلّةٍ لا بَأسَ بِهِ.

”أهلًا بِكَ يا مُحَمَّد. أنا الأُستاذُ «فارِس».
أنا مُدَرِّسُ اللُّغةِ الإنجليزِيّة.
اِجْلِسْ هناك، بِجِوارِ أشْرَف.“

اِتَّجَهَتْ كلُّ العُيونِ نَحوي. شَعَرْتُ أنَّ أُذُنَيَّ كانَتا ساخِنَتَيْنِ، وأنَّني أَتَصَبَّبُ عرَقًا. تَمَنَّيْتُ أن يأتِيَ نَسرٌ ضَخمٌ لِيَنْتَشِلَني من هذا الفَصلِ، ويَطيرَ بي عائدًا إلى المَغرِب.

اِنتَظَرَ أشرَفُ لَحظةً مُناسِبةً، وسَألَني:
"أنا مِصرِيّ. وأنتَ من أين؟"
"أنا مَغْرِبِيّ."

بعدَ ذلك، سادَتْ فَتْرَةُ صَمْت. بَدا لي أنّني وأشرَفَ المِصرِيَّ، قد قُلْنا كلَّ ما يُمكِنُ أن يُقالَ، وأنَّنا وَصَلْنا إلى نِهايةِ تَعارُفِنا.

إلّا أنَّ أشرَفَ فاجَأني. قالَ: "أنا أعرِفُ كَلِمةً مَغْرِبِيّة."
بَدا لي أنَّ هذه دَعوةٌ يَجِبُ أن أُلَبِّيَها. سَأَلْتُهُ: "ما هي؟"
قالَ: "مِزْيان!"

وفي تلكَ اللَّحظَةِ، أَيْقَنْتُ أنّني وأشرَفَ سَنُصبِحُ صديقَيْنِ.

أُسبوعي الأوَّل

كانَتْ هناك أيّامٌ رائعَةٌ، وأيّامٌ أُخرى أَقّلُ رَوْعةً في أُسبوعي الأوَّلِ في أبو ظَبي. أَذكُرُ مِنها مَدى انْبِهاري بِمَسجِدِ الشَّيْخِ زايِد. ذَهَبْنا لِلصَّلاةِ يَومَ الجُمعةِ معَ السَّيِّدِ «أبو حَمَد»، ولَمْ أَكُفَّ عن سُؤالِهِ عنِ المَسجِد. القِباب ... المَآذِن ... السَّجّاد ... ما أَرْوَعَهُ!

وكذلك، حينَ رَأيْتُ مَلعَبَ كُرةِ السَّلّةِ في المَدرَسة، كِدْتُ أطيرُ فَرَحًا! طَلَبْتُ من أشرَفَ أن يُعَرِّفَني على المُدَرِّبِ، ومن يَومِها وأنا عُضْوٌ في الفَريق.

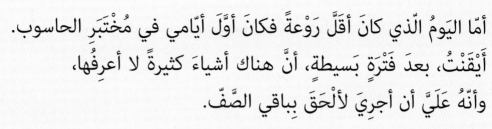

أمّا اليَومُ الّذي كانَ أقَلَّ رَوْعةً فكانَ أوَّلَ أيّامي في مُخْتَبَرِ الحاسوب. أَيْقَنْتُ، بعدَ فَتْرَةٍ بَسيطةٍ، أنَّ هناك أشياءَ كثيرةً لا أعرِفُها، وأنّهُ عَلَيَّ أن أجرِيَ لألْحَقَ بِباقي الصَّفّ.

الأُستاذُ «فُؤاد»، المُشرِفُ على المُخْتَبَرِ، قالَ لي:
”لا تَقْلَقْ يا مُحَمَّد. أنا هنا لِأُساعِدَكَ.
مَهاراتُ الحاسوبِ تَختَلِفُ من تِلميذٍ لِآخَر.“

شَهري الأوَّل

نَظْرَتي كانَتْ صائبَةً! الأُستاذُ «مَسعود» لاعِبُ كُرةِ سَلّةٍ لا بَأسَ بِهِ.
إنَّهُ يَأتي لِيُشارِكَنا في التَّدْريبِ أحيانًا، لو سَمَحَ وَقتُهُ بذلك.
حينَ يَأتي، فهو يُضْفي جَوًّا خاصًّا على التَّدْريبِ
لأنَّ كلَّ الأولادِ يُحِبّونَهُ على الرَّغمِ مِنْ جِدِّيَّتِهِ خارجَ المَلعَب.

بَدَأْتُ أشعُرُ أنّ هذه مَدرَسَتي، وأنّ هذا فَريقي.
تَعَرَّفْتُ على رِفاقٍ كَثيرينَ من بِلادٍ مُختَلِفة.
عُمَر منَ السّودانِ مَعي في فَريقِ كُرةِ السَّلّة؛ سَعدون اللُّبنانيُّ عَبْقَرِيٌّ في العَزْفِ على البيانو؛ جَمال الّذي نُسَمّيهِ "جيمي جيم" لأنَّهُ لا يُغادِرُ صالةَ الألعابِ البَدَنِيّةِ إلّا مُضْطَرًّا؛ وعَبدُ الحَكيم، من أفغانِسْتان، وقدْ وَعَدَني أنَّهُ سَيُعَلِّمُني كيفَ أصنَعُ طائرةً وَرَقِيّةً مِثلَ طائرَتِهِ العَجيبَة.

عِندي، الآن، مَجموعةٌ لا بَأسَ بِها منَ الأصدِقاء.

أنا وعُمَر وعَبدُ الحَكيمِ الفَنّان، وأجملُ طائرةٍ من أفْغانِستان!
«جيمي جيم» يَسْتَعْرِضُ عَضَلاتِهِ كُلَّ يَوم!

وها أنا أَروي لَكُم تَفاصيلَ حَياتي الجَديدةِ بعدَ عامٍ كاملٍ هنا. أصدِقاءُ جُدُدٌ، من جِنسِيّاتٍ مُتَنَوِّعة. لُغاتٌ وثَقافاتٌ مُختَلِفة. أماكِنُ جَديدة. قَرْيَتُنا كانَتْ صَغيرةً، وكلُّ شيءٍ فيها كانَ مَألوفًا. ولكنّني، الآن، أُفَضِّلُ حَياتي الجَديدةَ ... حَياةً مَليئةً بالمُفاجَآتِ والإثارة!

تابِعوا القِصَّةَ مُسْتَعينينَ بِالصُّوَرِ التّالية:

الحُزْن — الاِنْبِهار — الرَهْبَة

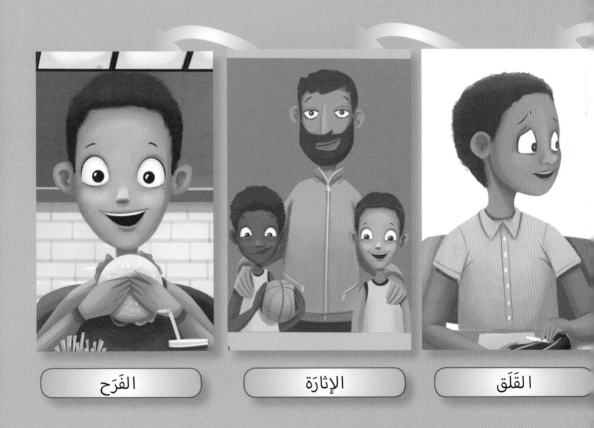

القَلَق

الإثارَة

الفَرَح

أفكار واقتراحات

الأهداف:

• قراءة قصّة قصيرة بسلاسة.

• إعادة سرد تسلسل الأحداث بالترتيب الصحيح.

• توقّع الأحداث التالية.

• قراءة المزيد من الكلمات الشائعة بدون تشكيل.

روابط مع الموادّ التعليميّة ذات الصلة:

• مبادئ الوعي بالبيئات الاجتماعيّة المختلفة.

• أهمّيّة المثابرة للتعوّد على الأجواء الجديدة والمختلفة.

• إدراك أهمّيّة الصداقة والتفاعل مع الزملاء.

مفردات جديرة بالانتباه: حزن، خوف، إثارة، روعة، فرح، قلق، انبهار، مفاجأة، رهبة

عدد الكلمات: ٩٠٠

الأدوات: لوح أبيض، الانترنت، أقلام رسم وتلوين

قبل القراءة:

• ماذا ترون على الغلاف الخارجيّ للكتاب؟ هيّا نَصِف الصورة.

• هل يبدو الولد سعيدًا؟ لِمَ يا ترى؟ سنعرف بعد قليل!

• هيّا نقرأ العنوان معًا. مَن منكم زار بلدًا جديدًا في الفترة الأخيرة؟